de la Savoie

851

AVENIR

DE LA SAVOIE,

PAR

GABRIEL MORTILLET.

PRIX : 50 CENTIMES.

SAVOIE, SUISSE, FRANCE,

EN VENTE CHEZ TOUS LES LIBRAIRES.

1851

PRÉFACE.

La Savoie est-elle Piémontaise ?

NON.

Ses intérêts la lient-elle au Piémont ?

NON.

Elle doit donc s'en séparer ?

OUI.

Doit-elle former un Etat indépendant ?

NON.

S'unir à la Suisse ?

NON.

S'unir à la France ?

OUI.

Tel est tout à la fois le plan et le résumé de cet ouvrage.

AVENIR DE LA SAVOIE.

CHAPITRE Ier.

La Savoie est-elle Piémontaise?

Il suffit de jeter un coup-d'œil sur une carte géographique, pour reconnaître de la manière la plus claire et la plus évidente que la Savoie n'est pas piémontaise. Une chaîne de montagnes haute et continue la sépare entièrement du Piémont. C'est à grand' peine qu'on a établi dans cette chaîne un seul passage, celui du Mont-Cenis, et encore est-il situé à l'extrémité d'une des provinces extrêmes de la Savoie. La nature aurait eu pour but de nous prouver l'indépendance des deux pays qu'elle n'aurait pu mieux réussir. Elle a placé entre eux la plus haute montagne de l'Europe, le Mont-Blanc.

Toutes les vallées de la Savoie s'ouvrent sur la Suisse, et surtout sur la France. C'est dans ce sens que s'écoulent toutes ses eaux, et que doivent naturellement descendre ses produits. On peut dire avec raison, d'après sa position géographique, que la Savoie tourne le dos au Piémont et regarde la France.

A cette preuve des plus concluantes, on peut en ajouter un grand nombre d'autres pour établir que la Savoie n'est point Piémontaise. Jamais pays limitrophes ne se sont trouvés plus différents, plus séparés.

Ils diffèrent par l'origine de leurs habitants. Les Savoisiens sont blonds et appartiennent à la race celtique; les Piémontais descendent du type brun des anciens Italiens. Ces deux races, ces deux types de la grande famille humaine ont toujours été divisés; toujours ils ont combattu l'un contre l'autre. Dès l'antiquité la plus reculée, nous voyons les Celtes, connus alors sous le nom de Gaulois, passer les Alpes, conquérir le nord de l'Italie, et porter la dévastation jusque dans les murs de Rome. Quelques siècles après ce sont les Italiens qui, sous l'influence romaine, viennent chez nous, nous soumettre à leur domination. Plus tard, sous Charlemagne et sous d'autres rois de France, les descendants des Celtes font encore de nombreuses irruptions en Italie. Et maintenant on voudrait confondre un pays celte avec un pays italien! Mais c'est impossible.

C'est d'autant plus impossible, que ces deux pays, la Savoie et le Piémont, diffèrent complètement par leurs mœurs. Nous employons tous les jours les mots *usages piémontais*, *habitudes piémontaises*, pour exprimer des coutumes entièrement différentes de celles de la Savoie.

Une différence qui est peut-être encore plus importante est celle du langage. En Savoie on parle français, en Piémont on parle italien ou un patois italien particulier, le piémontais. Et il y a des personnes qui veulent que ces deux pays s'entendent! Mais la différence du langage est le plus grand obstacle qui s'oppose à la fusion de deux peuples.

La différence entre la Savoie et le Piémont est si profonde, si réelle, que le gouvernement lui-même a été obligé de la reconnaître et d'y avoir égard dans les lois. Ainsi le cens électoral n'est pas le même dans les deux pays.

Un autre témoignage qui établit d'une manière irrécusable qu'il n'y a point de lien entre la Savoie et le Piémont, c'est qu'en Savoie le mot de *Piémontais* est considéré comme une insulte des plus graves, et qu'en Piémont on regarde la désignation de *Savoyard* comme une violente offense.

Non, la Savoie n'est pas Piémontaise, elle ne l'a jamais été, elle ne le sera jamais.

CHAPITRE II.

Les intérêts de la Savoie la lient-elle au Piémont?

Le gouvernement sarde, siégeant à Turin, au centre du Piémont, néglige complètement la Savoie, et il ne peut en être autrement. En effet, le gouvernement se compose de la chambre des députés, des ministres conseils du roi et des sénateurs. Je nomme ces corps, ces pouvoirs comme on les appelle, dans l'ordre de leur importance réelle. Je vais les examiner dans l'ordre inverse.

Les sénateurs, espèce de superfluité aristocratique, n'ont presque point d'action dans le gouvernement; ils ne peuvent donc pas beaucoup agir en faveur de la Savoie. Et le pourraient-ils, qu'ils ne le feraient pas. En effet, les sénateurs savoisiens sont en petit nombre à côté des sénateurs piémontais. De plus, ce petit nombre a été recruté parmi le clergé, la noblesse et tout ce qu'il y a de plus arriéré en fait d'idées de progrès. Qu'attendre de pareils hommes? La neutralité, c'est tout ce qu'on peut leur demander et tout ce dont ils sont capables.

Le roi flanqué de ses ministres, ou les ministres composant le conseil du roi, viennent en seconde ligne. Parmi ces ministres il pourrait y en avoir un de Savoisien, bien qu'il n'y en ait pas eu depuis la constitution. Que ferait en faveur de la Savoie une voix isolée, une voix seule? C'est une voix perdue sans résultat. Le reste des ministres ayant d'autres mœurs, parlant une autre langue, appartenant à une autre race, aimant un autre pays, tout naturellement ne fait rien pour la Savoie, ne songe pas à elle, ou s'il y songe c'est pour la pressurer, c'est pour en tirer parti et non pour lui être utile. Ce simple énoncé sera appuyé tout à l'heure par des faits nombreux et irrécusables.

Vient enfin la chambre des députés, le pouvoir logique, le pouvoir réel, la représentation du peuple seul et vrai souverain. Mais là encore les députés savoisiens sont en grande minorité; ils sont donc impuissants. Dans un corps délibérant, c'est le nombre qui fait la force. Ils sont d'autant plus impuissants, que parlant une langue différente de celle employée par le plus grand nombre des députés, ils se font mal et imparfaitement comprendre d'eux. Tout concourt à neutraliser l'action qu'ils pourraient exercer. Aussi voyons-nous la Savoie toujours sacrifiée.

Le service des postes est horriblement mal organisé. On se rend de Samoëns à Cluse en trois heures; eh bien, une lettre jetée à la poste à Samoëns pour Cluse peut mettre trois jours pour arriver à son adresse!

Quoique le régiment de Savoie soit en garnison dans le Piémont, quoique toutes les correspondances administratives, judiciaires, militaires, toutes les pétitions, toutes les sollicitations, prennent la malle-poste du Piémont, le courrier de Savoie pour la France est encore plus chargé, et pourtant ce courrier n'a qu'une sortie, le Pont-de-Beauvoisin. Une lettre de Frangy pour Seyssel-France, éloigné de deux lieues, va passer par Chambéry et le Pont; elle fait, avant de parvenir à sa destination, plus de trente lieues, et perd un temps souvent très-précieux.

Les soldats de Savoie, comme s'ils n'étaient pas déjà assez malheureux d'être obligés d'endosser l'habit militaire, sont encore placés en garnison dans des villes où l'on parle une langue qu'ils ne comprennent pas, au milieu d'une population qui les voit avec malveillance.

D'autre part on fait occuper la Savoie par des troupes et des carabiniers qui ne savent pas le français, ou qui le savent très-mal, de sorte qu'ils font leur service avec d'autant plus de brutalité qu'ils ne saisissent pas ce qu'on leur dit, les observations qu'on leur fait; ils croient toujours, quand on leur parle, qu'on les insulte, et ils agissent en conséquence.

Pour ce qui concerne les jeunes gens qui veulent faire leurs études de droit ou de médecine, on les force à aller à Turin, à s'expatrier, à suivre des cours en langue étrangère, à sortir de Savoie des sommes dont le pays a grand besoin, et cela au profit du Piémont. Autrefois les étudiants pouvaient au moins faire leurs deux premières années à Chambéry, maintenant ils ne peuvent plus y rester qu'un an.

A tous ces désagréments vient s'en joindre un, l'impôt, bien plus pénible encore à supporter. En Savoie le percepteur est constamment occupé à pressurer le pays pour en tirer le peu d'argent qui s'y trouve. Chacun sent trop bien par lui-même comme le gouvernement abuse du contribuable, pour qu'il soit nécessaire de s'étendre sur ce sujet.

Mais au moins les sommes versées dans les caisses de l'Etat profitent-elles au pays? Non. Sous le rapport des améliorations, des travaux publics, la Savoie est complètement délaissée. Si l'on en voulait une preuve bien frappante, il suffirait d'observer que sur sept provinces qui composent ce pays, quatre, plus de la moitié, sont privées de routes royales.

Et que deviennent les impôts payés par la Savoie? Ils s'en vont fournir de bonnes rentes à vos chers et aimés princes; ils s'en vont embellir et améliorer le Piémont; ils s'en vont enfin s'engouffrer dans les coffres de l'Autriche, pour payer les frais d'une guerre qui a été entreprise en faveur d'une cause qui a nos sympathies, mais qui n'est point la nôtre. Pourtant on avait bien dit à la Savoie : C'est assez que vous prodiguiez le sang de vos enfants, vous n'aurez rien à payer pour les frais de cette guerre. Mais les rois oublient vite leurs promesses.

Non content de soutirer l'argent de la Savoie, le gouvernement piémontais s'empare encore des objets précieux que le pays peut contenir. Du temps des Français, une école des mines fut établie à Moutiers. Cette école possédait une superbe et très-riche collection de minéralogie. En rentrant en Savoie, les Piémontais n'eurent rien de plus pressé que de détruire l'école et de s'emparer de la collection, qui se trouve actuellement à Turin, place San-Carlo, au dépôt du ministère de l'intérieur.

Il y a en Savoie une société d'histoire naturelle; eh bien! le gouvernement piémontais ne lui envoie pas même les *Mémoires de l'Académie royale de Turin*, imprimés aux frais du budget, tandis qu'un pays étranger, la France, lui adresse gratis les *Annales des Mines*.

Au moins le gouvernement piémontais favorise-t-il le commerce? Non. Grâce à son union avec le Piémont, la Savoie se trouve entourée d'une ligne continue de douanes du côté de la France et de la Suisse, points naturels d'écoulement de ses produits.

Et comme si ces douanes étrangères ne suffisaient pas, le gouvernement piémontais a aussi établi à l'intérieur un cordon de douanes qui fait augmenter le prix de tous les objets de consommation, et qui, chose étrange, s'oppose même à la sortie de certains produits comme les soies brutes. Ainsi, grâce au Piémont, le cultivateur savoisien paie plus cher les marchandises étrangères parce que la douane sarde perçoit un droit d'entrée, et il ne peut pas écouler ses produits parce que la même douane perçoit un droit de sortie. C'est toujours le même système, pressurer la Savoie, en tirer le plus d'argent possible.

Reste donc au commerce savoisien une seule route libre, celle du Mont-Cenis, route qui, à cause des faux frais qu'elle nécessite, augmente beaucoup le prix des marchandises qui y passent : c'est autant de moins en faveur du producteur, autant de plus à payer par le consommateur.

Mais, fait inoui ! cette route même n'est pas libre. Sous le prétexte d'entretien, comme si le gouvernement n'était pas tenu d'entretenir gratuitement toutes les routes royales, on prélève, au sommet du Mont-Cenis, un droit de trois francs par collier. C'est toujours l'exploitation de la Savoie par le Piémont. Il tire de la Savoie tout l'argent qu'il peut en tirer, par tous les moyens possibles, et il ne lui en rend point. En veut-on une preuve bien simple ? qu'on regarde l'argent monnayé qui circule en Savoie, c'est à peine si au milieu d'un grand nombre de pièces françaises on en aperçoit quelques-unes à l'effigie des rois de Sardaigne, Chypre et Jérusalem. Le Piémont ne donne à la Savoie que les pièces de quatre sous, de huit sous et les petits sous, c'est-à-dire sa fausse monnaie.

Non, comme nous venons de le démontrer, les intérêts de la Savoie ne la lient point au Piémont, ils exigent même qu'elle s'en sépare.

CHAPITRE III.

La Savoie doit-elle se séparer du Piémont?

Après la lecture des chapitres qui précèdent, il semblerait que celui-ci ne doit contenir qu'un mot :

OUI.

Cependant, comme il est en Savoie de nombreux citoyens qui ne sont pas encore accoutumés à raisonner la politique, je crois devoir leur présenter quelques simples considérations qui leur prouveront que si la majorité des habitants de la Savoie veut se séparer du Piémont, elle en a le droit.

Pour l'homme en société il n'y a que deux manières d'être : la liberté ou l'esclavage. On est obligé de reconnaître la souveraineté du peuple ou son asservissement. Si un homme ou une réunion d'hommes a des droits supérieurs à la volonté de tous, indépendants de cette volonté, la la foule, la masse, le peuple se trouve dominé et asservi. On rentre dans le règne du bon vouloir. Le peuple n'a aucune observation à faire, il est forcé de se soumettre sans murmurer, sans discuter, à la volonté de ses chefs. C'est le régime militaire appliqué à la société. Que dis-je ? c'est le régime colonial, le régime de l'esclavage. Pour en connaître toutes les douceurs, il suffit de se rappeler le *buon governe*, il suffit de jeter un coup-d'œil sur ce qui se passe à Naples et en Autriche. Heureusement l'enthousiasme avec lequel la Savoie tout entière a salué la nouvelle constitution montre qu'il n'est pas nécessaire de combattre ce système. Il n'a plus pour partisans, dans le pays, que le clergé et quelques vieux *codini*, hommes assez aveugles pour dire qu'il fait nuit en plein midi, et je n'ai pas l'espoir de guérir ces incurables.

Si personne n'a des droits au-dessus de la volonté de tous, tous ont donc des droits égaux; c'est la volonté de tous qui est souveraine; elle peut agir comme bon lui semble, elle peut changer, si cela lui plaît, la forme du gouvernement, elle peut modifier à son gré ses relations de nationalité. Rien n'est plus simple, rien n'est plus naturel.

Pour qu'il n'en soit pas ainsi, il faudrait que quelqu'un eût le droit de s'y opposer, et nous retomberions alors dans l'hypothèse que nous avons tout d'abord combattue, et que, par un autre ordre d'idées, nous allons démontrer complètement absurde.

De deux choses l'une:

Ou les hommes qui sont à la tête du gouvernement se sont emparés du pouvoir par la force, et alors le peuple, sitôt qu'il en sent l'énergie, peut les chasser par l'emploi de la force et substituer au gouvernement qu'il vient de détruire le mode de gouvernement qui lui plaît. On a toujours le droit de repousser la force par la force.

Ou bien ces hommes ont reçu leur mandat du peuple et ont été choisis par lui, cas dans lequel le peuple peut encore les remplacer à son gré et changer, comme il le juge convenable, la forme du gouvernement. Le mandataire est toujours sous la dépendance de celui de qui il tient son mandat. Et si celui qui donne le mandat n'est pas content de la conduite du mandataire, il peut le changer ou lui imposer une marche différente.

Pour les nationalités il en est de même que pour les formes de gouvernement. Ou une nation est unie à une autre par la contrainte et la force, et dès qu'elle en sent la possibilité elle peut se séparer de cette nation.

Ou bien elle est unie volontairement à l'autre nation, et

puisqu'on lui a reconnu le droit de choisir au moment de l'union, on ne peut lui refuser le même droit lorsqu'elle veut se séparer.

Et du reste, si nous examinons ce que c'est qu'une nation, dans toute sa simplicité, nous reconnaîtrons que c'est une réunion d'hommes qui s'associent pour se prêter aide et secours, pour faire respecter leurs droits et pour améliorer leur sort. C'est en grand et dans un but général, ce qu'est une société industrielle en petit et dans un but particulier.

La société industrielle peut céder la gestion des affaires à un seul homme, sans conseils, sans contrôle : c'est l'image de la monarchie absolue. Ce système est peu prudent, parce que le gérant, soit par incapacité, soit par manque de moralité, peut ruiner la société et la mener à sa perte.

La société industrielle peut aussi, à côté du gérant, placer deux conseils chargés de discuter et d'approuver tout ce qui concerne la gestion. Cette organisation, pareille au mécanisme constitutionnel des trois pouvoirs, offre bien plus de garanties que la précédente, mais elle a l'inconvénient d'être très-compliquée, ce qui entrave la marche des affaires et ce qui nécessite beaucoup de frais.

Enfin la société industrielle peut ne choisir qu'un seul conseil, auquel elle délègue ses pouvoirs, ce conseil devant nommer une commission peu nombreuse pour faire exécuter ses décisions. Ce dernier système, semblable à ce qui a lieu dans le véritable gouvernement républicain, tout aussi simple que le premier, offre autant de garanties que le précédent, et réunit ainsi tous les avantages des deux sans en avoir les inconvénients.

Personne ne contestera à la société industrielle dont nous parlons le droit de changer, quand elle le juge convenable, son mode d'administration. Elle peut, si elle le désire, passer successivement d'un système à l'autre. Pourquoi donc refuserait-on le même droit à la société civile, à l'ensemble des citoyens, au pays?

Personne ne contestera aussi que la société industrielle

qui nous sert d'exemple a le droit de s'unir, de s'associer à une autre société, et que plus tard, si ses intérêts l'exigent, elle a également le droit de se séparer de la société avec laquelle elle s'était associée. Ce sont là des faits qui ont lieu tous les jours. Pourquoi donc la société civile, l'ensemble des citoyens, le pays, n'aurait-il pas le même droit ?

Du reste, le droit qu'a la Savoie de se séparer du Piémont, a été reconnu par le gouvernement piémontais lui-même. Lors de la guerre de l'indépendance italienne, une carte du royaume d'Italie fut tracée à Turin. Et cette carte, qui a été vue par Mazzini, cette carte, qui exprimait la pensée intime du gouvernement piémontais, ne contenait plus la Savoie.

L'idée de la séparation d'avec le Piémont est tellement dans la conscience de tous les habitants de la Savoie, que depuis longtemps un journal d'Albertville, *la Voix du paysan,* peut imprimer en tête de chacun de ses numéros cette phrase :

« La Savoie n'est pas plus Piémontaise que la Lombardie n'est Autrichienne. »

Le gouvernement ne poursuit pas, parce que, comme délit de presse, l'affaire serait portée devant le jury, et le gouvernement sait que sur cette question le jury ne rendra jamais un verdict de culpabilité.

Maintenant qu'il est bien établi qu'un pays peut, quand bon lui semble, se détacher d'un autre pays auquel il est joint, nous répondrons à la question qui forme le titre de ce chapitre :

Oui, la Savoie doit se détacher du Piémont.

CHAPITRE IV.

La Savoie doit-elle se déclarer indépendante?

Une des belles idées de notre époque est celle de la constitution des nationalités. Autrefois les aristocraties et les princes divisaient pour régner; maintenant les démocraties, les peuples, cherchent de toutes parts à se constituer en grandes familles, fortes, puissantes, pour assurer à tout jamais leur indépendance.

Si la Savoie, au lieu de s'unir à sa famille naturelle, la famille française, veut former un état indépendant, elle se verra bientôt travaillée par des intrigues de toute nature. Chaque petite ambition cherchera à se faire jour, et pour y arriver ne craindra pas d'agiter le pays. L'influence du clergé est si grande encore en Savoie, il possède tant de moyens d'action; il sait si bien user et abuser de tous ces moyens pour arriver à ses fins, que bientôt on le verrait s'emparer des affaires. L'indépendance de la Savoie, c'est le triomphe du clergé, c'est le retour à tous les abus du passé, c'est le bon temps des apostrophes en chaire, c'est le bon temps des incarcérations sur simple dénonciation du curé, c'est le bon temps des assassinats de Faissons. Mais pourquoi aller plus loin? Chacun ne se souvient-il pas de ce qui existait encore il y a peu de temps? Par les huées que le curé du Villard organise contre un citoyen paisible, un homme de talent, Hudry Ménos; par les sorties plus qu'inconvenantes que le curé et le vicaire de Bonneville vont faire en pleine place publique contre des gardes nationaux de service; par les cris de mort que provoque, contre M. Mathias, syndic, le curé de Chevron, ne peut-on pas apprécier les douceurs du régime clérical que posséderait la Savoie si elle avait l'imprudence de se déclarer indépendante?

Faut-il un autre exemple? on n'a qu'à jeter un coup-d'œil sur le Valais. Le Valais formait un petit Etat; le clergé s'en est emparé, et pour mieux le dominer, pour mieux accaparer tout l'argent du pays, il ne s'est pas contenté des églises, il s'est aussi emparé des cabarets. Et encore aujourd'hui, dans le haut Valais, on voit des prêtres *tenir le bouchon* de l'endroit et *servir bouteille aux chalands*. De cette domination du clergé, qu'en est-il résulté? Que le Valais est le pays le plus ignorant, le plus pauvre, le plus sale de la Suisse. Il est tellement pauvre, que dans bien des villages on ne mange jamais de viande; il n'en entre même pas à l'auberge. Y avait-il quelque argent dans le pays? le clergé s'en est emparé! Tel est le sort qui attendrait la Savoie, si elle avait le sot amour-propre de vouloir former un Etat indépendant.

Sot amour-propre!.... En effet, un petit Etat ne jouit d'aucune considération, d'aucune influence; dans les grandes affaires politiques on n'en tient aucun compte. Il devient le but de toutes les plaisanteries, comme la principauté de Monaco et la république de Saint-Marin. En cas de guerre ou de négociation, on va, on vient, on décide, tout comme s'il n'existait pas. Bien plus, même en temps de paix, un petit Etat est toujours soumis à l'influence étrangère. La Confédération suisse ne peut pas être appelée un petit Etat; si son territoire n'est pas étendu, la topographie de ce territoire et le caractère national des habitants font de ce pays un Etat fort; pourtant ne l'avons-nous pas vu, dans la question des réfugiés, céder aux exigences des autres puissances et méconnaître le droit d'asile, un de ses plus beaux titres de gloire?

Ce seul exemple doit montrer à la Savoie combien les influences étrangères pèseraient sur elle si elle formait un Etat à part.

La Savoie manque de ressources pécuniaires, et pourtant, pour être au niveau des autres nations, elle a besoin de nombreux travaux publics. Comment pourra-t-elle les exécuter si elle est indépendante, si elle reste abandonnée à ses propres forces ?

La Savoie est un pays qui possède de grandes richesses naturelles. Si elle est indépendante, si elle reste abandonnée à ses propres forces, comment pourra-t-elle les exploiter ?

Pour que la Savoie s'enrichisse, pour que l'argent y circule abondamment, il faut donner une grande impulsion au commerce ; impulsion qui, jusqu'à présent, a été comprimée par les douanes. Si la Savoie est indépendante, si elle forme un petit Etat à part, les douanes seront maintenues par les puissances voisines comme par le passé, et comme par le passé elles empêcheront la Savoie de s'enrichir.

Sous tous les rapports, la Savoie doit donc éviter de se déclarer indépendante.

Si quelqu'un vous parle en faveur de l'indépendance de la Savoie, examinez-le avec soin et vous reconnaîtrez toujours ou un jésuite ou un ambitieux.

CHAPITRE V.

La Savoie doit-elle s'unir à la Suisse?

Une des plus grandes causes de séparation entre deux pays, c'est la différence de mœurs, de race, de langue. Cette différence est en grande partie cause des griefs légitimes que la Savoie reproche au Piémont; et la Savoie se détacherait des Etats sardes, où l'on parle deux langues, l'italien et le français, pour entrer dans la Confédération suisse, où l'on en parle trois, l'allemand, le français et l'italien. Ce serait tout à fait le cas du proverbe populaire: *échange d'un cheval borgne contre un cheval aveugle.* Les députés de la Savoie n'ont point d'influence, parce qu'ils parlent français dans une chambre composée en majorité d'Italiens. En auraient-ils davantage quand ils parleraient français dans une assemblée nationale composée en majorité d'Allemands?

L'annexion de la Savoie à la Suisse n'empêcherait pas Berne d'être le point central de la Confédération; c'est donc dans cette ville allemande que siégerait toujours le gouvernement fédéral. Et l'on sait quelle est, sur les gouvernements, l'influence des milieux dans lesquels ils se trouvent. Le gouvernement suisse, placé dans une ville allemande, reflétera toujours les mœurs allemandes, soutiendra toujours les intérêts allemands.

L'annexion de la Savoie à la Suisse n'empêchera pas, soit au Conseil national, soit au Conseil des Etats, les députés allemands d'être en majorité. Les intérêts de la Suisse française, et par conséquent ceux de la Savoie, seront donc toujours sacrifiés à ceux tout opposés de la Suisse allemande. Cela est si vrai, que les deux journaux de Genève, profondément divisés sur toutes les questions, diamétralement opposés en to..t et pour tout, se sont pourtant trouvés d'accord quand il s'est agi d'apprécier les derniers votes des deux assemblées fédérales, tant ces votes étaient contraires aux intérêts de la Suisse française.

La Savoie se trouverait, vis-à-vis de la Suisse, comme elle l'est, vis-à-vis du Piémont, un pays extrême, situé en dehors des autres, presque isolé, position des plus désavantageuse, parce que les pays ainsi placés sont toujours négligés, toujours oubliés. La Savoie fédérale, sous ce rapport, ne serait pas plus avantagée que la Savoie piémontaise.

L'annexion de la Savoie à la Suisse abat les douanes le long du lac de Genève, mais laisse subsister la double ligne qui barre la frontière de France. Et, si nous étudions les produits de la Savoie, nous reconnaissons que ce sont les mêmes que ceux de la Suisse. La Savoie n'a donc pas grand commerce à espérer avec la Confédération. Il en est tout autrement vis-à-vis de la France. Tous les produits de la Savoie auraient un écoulement très-avantageux dans les départements français; c'est donc la ligne des douanes françaises qu'il importe de voir tomber, et non la ligne suisse.

Enfin la Confédération, laissant le pays à peu près livré à lui-même, il reste dans la même impuissance que s'il formait un petit Etat indépendant. Il ne peut pas davantage mettre en valeur les richesses qu'il possède. La Savoie suisse serait aussi pauvre qu'avant. Fribourg et le Valais sont Suisses, ils ne se sont pas enrichis pour cela, et cependant il y a, dans ces deux cantons, comme en Savoie, des éléments de richesses.

Sous la Confédération, la Savoie ayant son petit gouvernement particulier, se verrait agitée par toutes les ambitions orgueilleuses, et finirait, comme nous l'avons exposé dans le chapitre précédent, par tomber sous l'entière domination des prêtres. Et vous savez combien cette domination est douce et agréable!

Si maintenant nous nous arrêtons à des considérations plus élevées, nous verrons que le rôle historique et providentiel de la Suisse touche à sa fin.

La plus grande gloire de la Suisse a été de conserver dans son sein le sentiment démocratique, la forme républicaine, l'esprit de liberté et d'indépendance. Lorsque toute l'Europe était soumise aux rois et aux empereurs, la Suisse seule, terre d'asile, servait de garantie à l'avenir. Le triple élément français, allemand, italien, dont elle est composée, représentait l'indépendance des trois grandes nationalités de l'Europe centrale. Dans ses montagnes s'abritait le feu sacré de la démocratie. Mais sitôt que ce feu aura embrasé l'Europe, sitôt que les trois grandes nationalités seront reconstituées, la Suisse n'ayant plus de raison d'être, se divisera; chacune de ses parties s'unira à la nationalité à laquelle elle appartient.

Cette division se prépare déjà. Il est une idée qui domine la politique, c'est l'idée d'unité. Cette idée a pénétré en Suisse comme partout, et nous avons vu le gouvernement fédéral s'établir. Après lui sont venus l'armée fédérale, les postes fédérales, les péages ou douanes fédérales; bientôt nous verrons l'université fédérale, et d'empiètement en empiètement, l'unité suisse finira par se constituer d'une manière complète. Les hommes auront beau s'y opposer, la puissance de cette idée la fera passer par-dessus leur opposition. Dans un pays composé d'un seul élément, comme la France, l'unité rend le pays puissant et resserre tous les liens qui relient les diverses parties; mais dans un pays composé de trois éléments tout-à-fait différents, comme ceux qui forment la Suisse, l'unité blesse, froisse les intérêts et mène au démembrement. C'est ce qui arrivera pour la Confédération helvétique. Pourquoi, dans ces circonstances, la Savoie s'unirait-elle à une nationalité factice, qui, dans un temps peu éloigné, se démembrera? Ne vaut-il pas mieux, pour ce pays, qu'il rentre de suite dans sa véritable nationalité, dans la grande famille française?

Cet intérêt est parfaitement compris par tous les Savoisiens qui réfléchissent. Les habitants du Faucigny et du Chablais, eux-mêmes, les plus voisins de la Suisse, sont partisans de l'annexion à la France.

Pour prouver le contraire, on cite, il est vrai, certaines démarches qui furent faites, en avril 1848, par des citoyens du Faucigny, auprès des autorités de Genève. Mais que signifient les démarches de quelques individus isolés pour prouver l'opinion générale d'une contrée? Encore dans le moment où les démarches ont eu lieu, l'opinion se trouvait égarée par la fausse interprétation des faits qui venaient de se passer à Chambéry. Par suite des intrigues et des calomnies de la noblesse réunie au clergé, de braves et honnêtes travailleurs savoisiens qui rentraient dans leur pays, en proclamant l'indépendance de la Savoie et son annexion à la France, furent considérés comme des pillards, des voleurs, des assassins, qui voulaient tout mettre à feu et à sang. On exploita contre eux le nom de *Voraces* qu'ils avaient pris bien innocemment. On fit valoir comme une considération très-grave, ce qui cependant témoignait de leur probité, le mauvais état de leurs vêtements; et c'est en jetant l'épouvante partout, que les éternels ennemis du peuple réussirent à armer le peuple des campagnes contre leurs frères, leurs parents, leurs amis. Les calomnies vont vite, surtout quand elles sont colportées par le clergé. Les calomnies contre les Voraces arrivèrent à Bonneville, glacèrent d'effroi les poltrons, et c'est sous l'influence de ce sentiment d'effroi, qu'ils coururent demander aide et secours à Genève. Cette démarche ne prouve donc rien quant au sentiment général du pays. Elle prouve d'autant moins, que si quelques citoyens peureux couraient à Genève, d'autres attendaient en amis leurs compatriotes qui venaient de France leur apporter la liberté.

Pour vous assurer des sentiments du Faucigny, ouvrez le *Patriote savoisien*, du 2 août 1851, vous y trouverez la relation d'un banquet qui a eu lieu à Tanninge, et qui réunissait des délégués de toutes les villes de la province. Un orateur, M. F. Renand, s'est écrié : « *Nous attendons que les nationalités soient déclarées en face de l'Europe. Alors nous irons où coulent nos rivières, où nos cœurs s'envolent.... A chaque événement les Alpes s'élèvent et le Jura s'abaisse!* » Un autre orateur, M. A. Dumont : « *Boire à la Savoie, est-ce boire à la patrie? Non, mais à la 87*e *partie de la patrie.... Nos cœurs, nos désirs, nos espérances, tout se porte vers cette no-*

ble terre qu'on appelle la France!.... Je bois à la patrie, à la véritable patrie. » Et ces paroles ont été couvertes d'applaudissements.

Pour vous assurer des sentiments du Chablais, il suffit d'aller à Thonon un jour de marché. Vous y rencontrerez de robustes montagnards, qui ont encore, religion du souvenir, conservé leur costume du temps de la république. Ecoutez-les, et vous les entendrez parler avec enthousiasme de la France. Regardez autour d'eux, vous verrez tout le monde approuver leurs paroles.

La Savoie, dans son intérêt, ne doit donc pas s'unir à la Suisse. Cette vérité est si bien comprise, qu'elle est généralement admise même dans le Chablais et dans le Faucigny.

CHAPITRE VI.

La Savoie doit-elle s'unir à la France?

Puisque dans son intérêt la Savoie ne doit pas rester jointe au Piémont, qu'elle ne doit ni s'unir à la Suisse, ni former un petit Etat indépendant, il ne lui reste plus qu'un parti, l'union à la France. Voyons si cette solution répond à toutes les exigences et satisfait tous les besoins.

Comme race, comme mœurs, comme langage, la Savoie est Française; en s'unissant à la France, elle rentre donc dans sa véritable famille, dans sa vraie nationalité.

Ses représentants iront dans une assemblée où l'on ne parle qu'une seule langue, celle parlée en Savoie, le français; ils pourront donc se faire comprendre de tous. Les intérêts de la Savoie étant les mêmes que ceux de la France, ils sont sûrs de toujours trouver satisfaction. Plus de jalousie et d'intrigues comme dans un Etat composé de pays ayant des intérêts différents. Sous le rapport historique, la Savoie ne peut pas jouer un plus beau rôle qu'en s'unissant à la France. La plus belle page de l'histoire de Savoie n'est-elle pas déjà celle de l'époque où elle était française ?

Les grands hommes qui ont illustré le pays, les Berthollet, les Dessaix, etc., ne se sont-ils pas formés en France ?

Quant à l'influence cléricale, qui lui a porté le premier coup ? N'est-ce pas la révolution française ? C'est encore la France qui est appelée à porter le dernier coup à cette fatale influence.

Sous le rapport du bien-être matériel en Savoie, qui a plus fait que la France ? C'est pendant le court séjour des Français que se sont effectués presque tous les travaux publics du pays. Ils ont exécuté le percé des Echelles, ils ont fait la route du Mont-Cenis, et eux seuls sont capables de faire le percé de cette montagne, percé que le Piémont promet toutes les fois qu'il veut soutirer quelque chose de la Savoie, mais il n'exécutera jamais. La France seule peut entreprendre et mener à bonne fin les grands travaux dont la Savoie a besoin. Livrée à ses propres forces, la Savoie ne peut rien, elle manque de ressources; il faut donc qu'elle s'unisse à une nation riche et puissante, capable de faire des sacrifices. Cette nation, c'est la France.

La Savoie, avons-nous répété plusieurs fois, renferme de nombreuses richesses; seulement ces richesses ne sont pas mises en valeur. Elles le seraient si ce pays était uni à la France. N'avons-nous pas vu les Français, pendant leur court séjour, fonder une école des mines à Moutiers ? N'ont-ils pas, sur tous les points, commencé des exploitations que le gouvernement sarde a ensuite laissé s'éteindre ? Il suffit de parcourir les montagnes pour entendre de toutes parts les habitants dire : *Du temps des Français* on travaillait à une mine ici; *du temps des Français* on exploitait du charbon là; *du temps des Français*, et toujours *du temps des Français*.

Sous le régime français il y avait à Contamine, dans le Faucigny, une manufacture qui occupait trois cent cinquante ouvriers, et qui répandait le bien-être dans les environs. Dès que les Français sont partis, la manufacture est tombée et s'est métamorphosée en couvent. Cet exemple montre ce que serait la Savoie sous le régime français, un pays industriel et riche; ce qu'elle devient sous tout autre régime, un nid à prêtres.

Dès que la Savoie sera unie à la France, la double ligne de douanes qui se trouve entre les deux pays disparaîtra, et les produits de la Savoie jouiront d'un vaste marché. Leur écoulement facile viendra répandre l'aisance dans les campagnes. L'industrie, trouvant des débouchés, prendra peu à peu de l'extension, et les forces naturelles, dont dispose en abondance le pays, seront successivement utilisées au grand profit de tous.

Mais, dira-t-on peut-être, la Savoie française paiera plus d'impôts que la Savoie piémontaise, et nous sommes déjà écrasés par les impôts. Autrefois cette objection pouvait avoir quelque valeur; aussi noblesse et clergé, les ennemis du peuple, l'ont-ils répétée à satiété. Actuellement, grâce aux nouveaux impôts qui ont été votés, il n'en est pas ainsi. Les impôts, en Savoie, sont tout aussi forts qu'en France. Le général Daviernoz, la fleur des réactionnaires, celui qui réclamait naguère le rétablissement du drapeau bleu et de ses conséquences, l'a reconnu luimême en pleine chambre des députés. Dans la discussion sur les nouveaux impôts, il s'est plaint de ce qu'on enlevait à la réaction savoisienne le seul argument qu'elle pouvait faire valoir contre l'idée française.

Sous le gouvernement piémontais, la Savoie paie maintenant autant d'impôts qu'on en paie en France, et cet argent, en presque totalité, passe le Mont-Cenis pour ne plus rentrer dans le pays.

Sous le gouvernement français, sans payer plus on verrait la Savoie s'améliorer et s'enrichir, parce que l'argent des contributions serait employé presqu'entièrement dans le pays, comme cela a lieu pour les départements actuels.

Du reste, qu'est-ce qui ruine un pays? Ce n'est pas la quantité d'impôts qu'il est obligé de payer, mais le mauvais emploi des impôts. En effet, quel est le citoyen qui regrettera de payer ses contributions, si par le bon état des voies de communication, par une excellente administration, par le développement de l'agriculture, de l'industrie et du commerce, il est mis à même de gagner le double? C'est ce qui a lieu en France, tandis qu'en Savoie c'est tout au plus si à grand' peine le contribuable peut rentrer dans ses déboursés. A Genève on paie autant d'impôts qu'en France et personne ne se plaint, tout le monde s'enrichit. La Savoie, pays de ressources, a pendant longtemps et jusqu'à ces dernières années, payé moins d'impôts qu'en France, et malgré cela est demeurée misérable. On voit par ces exemples que, même autrefois, l'objection n'avait pas de valeur. Maintenant elle n'existe plus, et d'après les *codini* les plus encroûtés, il n'y a plus d'argument à faire valoir contre l'idée française.

Toutes les relations de la Savoie sont avec la France. L'émigration si nombreuse des Savoisiens se fait toujours en France. Il est donc de l'intérêt général que les relations avec la France soient de plus en plus faciles, et il n'est pas de moyen de les rendre plus faciles que de réunir la Savoie à la France. Sous tous les points de vue, cette réunion est pour la Savoie un besoin, un grand, un immense avantage.

Cette vérité est tellement sentie, que les Savoisiens s'intéressent plus à la politique française qu'à celle du Piémont. Entrez dans les cercles, dans les cafés, dans tous les lieux de réunion, partout vous ne voyez que des journaux de Paris. Les journaux de Savoie, pour satisfaire au désir de leurs abonnés, sont obligés de donner plus de nouvelles françaises que de nouvelles piémontaises. Même les journaux réactionnaires consacrent plus d'articles de fond à ce qui se passe en France qu'à ce qui se passe en Piémont. Ils sont dominés par l'opinion publique.

Cette vérité est tellement sentie, que les ministres piémontais eux-mêmes abandonnent déjà à la France une grande partie de l'action politique en Savoie. En veut-on une preuve? Renvoyé de Savoie, sans qu'on daigne me dire pourquoi, je m'adressai à M. le député Parent, pour qu'il sache par le ministère le motif de mon exclusion. Je reçus de lui la lettre suivante:

« Monsieur,

« Je n'ai pu obtenir qu'aujourd'hui une réponse satisfaisante. M. l'Intendant de Chambéry ne vous reproche absolument rien; sa conduite est inspirée par une déférence excessive, sans doute, aux susceptibilités de la France, qui voit en vous un condamné politique; ainsi c'est de France que vous devez obtenir la faveur de rester chez nous. Je voulais aller voir votre ambassadeur pour en finir, mais je n'ai point osé faire cette démarche sans votre participation.

« Agréez, etc., Signé PARENT. »

Vous voyez que même maintenant, de l'aveu du ministère, c'est la France qui est maîtresse en Savoie, mais la France réactionnaire, et le gouvernement du Piémont s'entend très-bien avec elle; heureusement cette sainte alliance anti-démocratique ne sera pas de longue durée, et la Savoie, qui n'est pas, qui n'a jamais été, qui ne sera jamais piémontaise, se réunira alors d'une manière complète à la véritable France, à la France du peuple, à la France du progrès.

CHAPITRE VII.

Conclusion.

Répéter que la Savoie n'est pas piémontaise, que ses intérêts exigent qu'elle se sépare du Piémont et qu'elle s'unisse à la France serait inutile. Ces vérités sont si simples, si claires, qu'elles frappent tous ceux qui y réfléchissent. Il suffit d'y songer pour en reconnaître toute la justesse, toute la vérité. Il ne nous reste donc plus qu'à rechercher une conclusion pratique.

Tant que les événements politiques demeureront dans le calme plat, tant que le *statu quo* règnera, la Savoie ne peut rien espérer, ne doit rien tenter; il faut qu'elle se résigne à son triste sort. Essayer quoi que ce soit dans ce moment de calme, serait folie ou trahison. Mais les véritables démocrates, les véritables amis du pays, ne doivent pas s'endormir; il faut qu'ils travaillent, et qu'ils travaillent avec ardeur à propager l'idée française, à faire bien comprendre à tous leurs concitoyens que là est le bonheur et la fortune du pays; que là est le progrès, là est l'avenir. Pour eux la propagande est un devoir, l'apathie une faute, presque un crime.

Les démocrates savoisiens doivent agir sur l'opinion par tous les moyens légaux. Moyens légaux, entendez-vous bien? Pas de sociétés secrètes: elles sont impossibles en Savoie à cause du caractère expansif des habitants et des indiscrétions que fait parfois commettre la bouteille. Mais fussent-elles possibles, elles seraient inutiles. En effet, jetez les yeux sur les événements qui se sont passés en France depuis cinquante ans : il y a eu bien des sociétés secrètes dans ce pays ; ont-elles une seule fois abouti ? ont-elles produit un seul résultat avantageux ? Non. Démocrates de la Savoie, repoussez donc les sociétés secrètes, et formez des sociétés publiques, ostensibles ; c'est-à-dire fréquentez-vous, réunissez-vous, voyez-vous souvent. Faites connaissance les uns avec les autres.—Chaque province forme un petit monde, une petite société inconnue des autres provinces. Qu'il n'en soit plus ainsi ; que toutes les provinces se relient entre elles, que les démocrates des diverses provinces se voient, se mêlent, se mettent en contact. Souvent aussi entre provinces, entre villes, entre simples particuliers, il y a des préventions, des inimitiés, des haines. Préventions, inimitiés, haines fomentées et entretenues par l'esprit artificieux et jésuitique du clergé et de la réaction. Dans l'intérêt général, pour le bien de tous, pour le bien de chacun en particulier, oublions ces préventions, éteignons ces inimitiés, sacrifions ces haines. Si les démocrates veulent faire triompher leur parti, qu'ils restent unis, solidement unis, qu'ils aient toujours présent à l'esprit que l'UNION FAIT LA FORCE.

Il ne suffit pourtant pas d'être unis et de se voir souvent entre citoyens qui partagent les mêmes opinions, il il faut encore faire du prosélytisme, il faut gagner de nouveaux partisans à notre sainte cause. Partout et toujours les bons démocrates doivent répandre la vérité par la parole, par les écrits. Causez politique, raisonnez sur les intérêts du pays avec les hommes tièdes, avec ceux qui n'ont pas encore réfléchi, avec ceux qui ont été circonvenus par les curés et les *codini*. Toutes les fois que vous le pouvez, distribuez des brochures, brochures politiques, brochures contre le clergé, brochures de polémique. Propagez autant qu'il sera possible les journaux du parti. Il y en a deux en Savoie : *le Patriote savoisien* et *la Voix du paysan*, qui sont tout dévoués à la défense de la démocratie, qui combattent les abus, qui propagent les vrais principes. Faisons tous nos efforts pour que ces deux journaux pénètrent partout, pour que chacun puisse les lire. Notre peine ne sera pas perdue, en peu de temps nous verrons les adhérents de la cause démocratique augmenter rapidement. Si nous voulons agir, nous pouvons dire, comme le Dieu de Moïse: Que la lumière soit! et la lumière sera.

LES JÉSUITES,

PAR GABRIEL MORTILLET.

DÉTAILS SUR LE COLLÉGE DE CHAMBÉRY.

Paris, 1849; in-18. — Prix, 10 centimes.

LE VRAI CATÉCHISME,

PAR GABRIEL MORTILLET.

Prix : 20 centimes.

Pour paraître prochainement :

CATÉCHISME SOCIALISTE,

Brochure,

PAR UN SAVOISIEN.

LA BIBLE DEVANT LA SCIENCE,

OU

TOUS LES CULTES SAPÉS DANS LEUR BASE,

Par Gabriel Mortillet.

Un volume in-8°. — Prix : 6 francs.

Nyon, imprimerie de J. Desoche.

www.ingramcontent.com/pod-product-compliance
Ingram Content Group UK Ltd.
Pitfield, Milton Keynes, MK11 3LW, UK
UKHW021118290826
14628UKWH00014B/2659

9 782013 370189